Ursula Mamlok

Four German Songs

für (Mezzo-)Sopran und Klavier
nach Gedichten von Hermann Hesse

1958

BB 3358

Boosey & Hawkes
Bote & Bock

URSULA MAMLOK

Four German Songs
für (Mezzo-)Sopran und Klavier
nach Gedichten von Hermann Hesse

(1958)

UA: New York 1977, Lucy Shelton, Sopran

www.boosey.com

BB 3358

ISMN 979-0-2025-3358-1
ISBN 978-3-7931-4044-3

2012 1008

Über die Felder

Hermann Hesse

Ursula Mamlok

September

Hermann Hesse

Ursula Mamlok

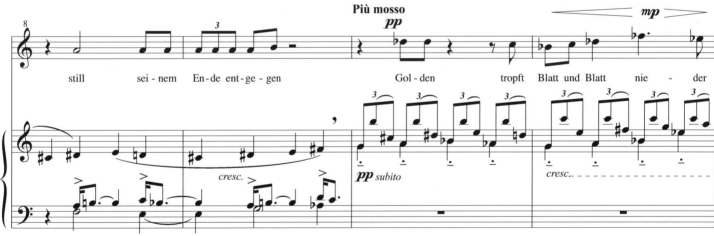

staunt und matt in den ster-ben-den Gar - ten Traum

Lan - ge noch bei den Ro - sen bleibt er stehn

sehnt sich nach Ruh Lang - sam tut er die

gro-ssen mü-de ge-wor-de-nen Au - - gen zu.

Schmetterling

Hermann Hesse

Ursula Mamlok

Flü - gelt ein klei - ner blau - er Fal - ter vom Wind ge - weht,

ein perl - mut - ter - ner Schau - er glit - zert flim - mert, ver - geht.

So mit Au - gen - blicks blin - ken, so im vor - ü - ber - wehn sah ich das Glück mir

win - ken, glit - zern, flim - mern, ver - gehn.

Nachtgefühl

Hermann Hesse

Ursula Mamlok

schürt, Da im blei - chen Ster - nen - duft

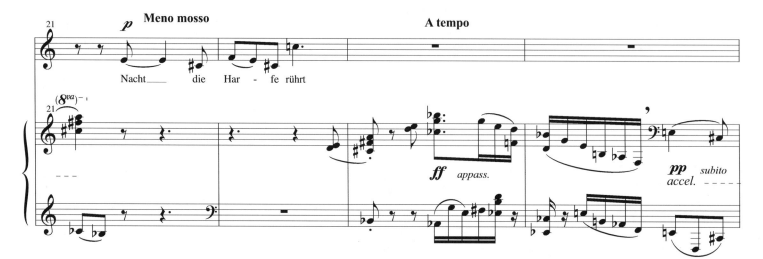

Nacht___ die Har - fe rührt

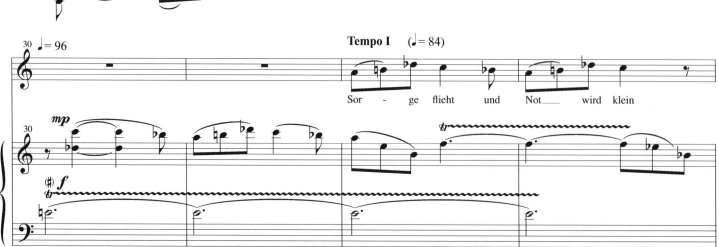

Sor - ge flieht und Not___ wird klein

seit _____ der Ruf _____ ge-schah

Mag _____ ich mor - gen nim - mer

sein _____

Heu - - te _____ bin ich da!

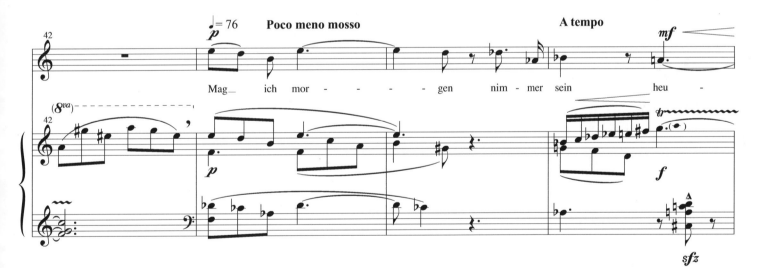

Poco meno mosso   A tempo

Mag _____ ich mor - - - gen nim - mer sein heu -

te bin ich da! _____